essentials

Essentials liefern aktuelles Wissen in konzentrierter Form. Die Essenz dessen, worauf es als „State-of-the-Art" in der gegenwärtigen Fachdiskussion oder in der Praxis ankommt. Essentials informieren schnell, unkompliziert und verständlich

- als Einführung in ein aktuelles Thema aus Ihrem Fachgebiet
- als Einstieg in ein für Sie noch unbekanntes Themenfeld
- als Einblick, um zum Thema mitreden zu können.

Die Bücher in elektronischer und gedruckter Form bringen das Expertenwissen von Springer-Fachautoren kompakt zur Darstellung. Sie sind besonders für die Nutzung als eBook auf Tablet-PCs, eBook-Readern und Smartphones geeignet.

Essentials: Wissensbausteine aus den Wirtschafts, Sozial- und Geisteswissenschaften, aus Technik und Naturwissenschaften sowie aus Medizin, Psychologie und Gesundheitsberufen. Von renommierten Autoren aller Springer-Verlagsmarken.

Heidi Keller

Die Entwicklung der Generation Ich

Eine psychologische Analyse aktueller Erziehungsleitbilder

 Springer

Prof. Dr. Heidi Keller
Universität Osnabrück
Osnabrück
Deutschland

ISSN 2197-6708   ISSN 2197-6716 (electronic)
essentials
ISBN 978-3-658-10391-0   ISBN 978-3-658-10392-7 (eBook)
DOI 10.1007/978-3-658-10392-7

Die Deutsche Nationalbibliothek verzeichnet diese Publikation in der Deutschen Nationalbibliografie; detaillierte bibliografische Daten sind im Internet über http://dnb.d-nb.de abrufbar.

Springer

Gedruckt auf säurefreiem und chlorfrei gebleichtem Papier

Springer Fachmedien Wiesbaden ist Teil der Fachverlagsgruppe Springer Science+Business Media
(www.springer.com)

Was Sie in diesem Essential finden können

- Der Mensch wird mit einem schier unerschöpflichen Repertoire an Lernmöglichkeiten geboren, die dann in Interaktion mit spezifischen Umwelteinflüssen ausgebildet und geformt werden.
- Erziehung und Sozialisation sind an Menschenbildern ausgerichtet, die in Abhängigkeit vom Niveau der formalen Bildung und der entsprechenden Lebensentwürfe variieren.
- In der Erziehungsideologie der westlichen Mittelschicht spielt die psychologische Autonomie, d. h. das Primat des Individuums mit seinen Bedürfnissen, Wünschen und Intentionen, eine herausgehobene Rolle und organisiert Entwicklung, Erziehung und Bildung.
- Die unbedingte Betonung individueller psychologischer Autonomie hat auch Effekte, die so nicht intendiert und häufig nicht gewünscht werden, wie Defizite im Sozialverhalten und Abhängigkeit von der Aufmerksamkeit anderer.
- Die öffentliche/institutionelle Bildung von kleinen Kindern ist an der Ideologie der psychologischen Autonomie ausgerichtet und grenzt so einen Großteil der Kinder, die nicht aus der westlichen Mittelschicht kommen, systematisch aus.

Inhaltsverzeichnis

Einleitung

1

Immer häufiger wird eine „Generation Ich" in der Presse portraitiert: Jugendliche und junge Erwachsene seien egoistisch, konsumorientiert und karrierefixiert. Das Privatleben, die eigene Zukunft und Karriere interessierten mehr als gesellschaftliche Fragen, so die 12. Ausgabe des „Studierenden Survey" vom Herbst 2014. Auch in der jüngsten Shell Jugendstudie zeigte sich, dass Privatleben und persönliches Glück, sowie das eigene berufliche Fortkommen als wichtiger erachtet werden als die Allgemeinheit und die Politik. Politiker äußern sich besorgt: steht da eine egoistische, Politik verdrossene Generation in den Startlöchern zur Übernahme gesellschaftlicher Verantwortung?

Es handelt sich nicht nur um ein deutsches Problem, auch in den USA werden ganz ähnliche Trends konstatiert. Bereits 2009 hat der Harvard Erziehungswissenschaftler Richard Weissbourd berichtet, dass für die 12- bis 18jährigen US-Amerikaner Leistung (50 %) und persönliches Wohlbefinden (30 %) wichtiger seien als sich um Mitmenschen zu kümmern (20 %). Die US-amerikanischen Psychologen Jean Twenge und Keith Campbell vermuten sogar eine „narzisstische Epidemie", so der Titel ihres Buches (Twenge und Campbell 2009).

Wie entstehen solche individuellen Entwicklungen und damit gesellschaftliche Strömungen? Neurowissenschaften, Biologie, Psychologie und Erziehungswissenschaften stimmen darin überein, dass die frühen Erfahrungen eine bedeutsame Rolle für den Entwicklungsverlauf spielen. Das Säuglingsalter, also die ersten beiden Lebensjahre, wird als Gehirnprägungsphase apostrophiert (Storfer 1999). Entwicklung ist ein kontinuierlicher Prozess, wo Entwicklungsergebnisse das Resultat der Interaktion von Anlagen (Prädispositionen) und Umwelteinflüssen/kontextuellen Informationen sind; die frühen Einflüsse und die entsprechenden Erfahrungen stellen also die Weichen für die spätere Entwicklung (Keller 2013).

Entsprechend kommt das frühe Sozialisationsumfeld, und das sind in der Regel die Eltern und ihre Erziehungsmethoden, in die Diskussion. Es ist aber wichtig,

© Springer Fachmedien Wiesbaden 2015
H. Keller, *Die Entwicklung der Generation Ich,* essentials,
DOI 10.1007/978-3-658-10392-7_1

nicht nur die Familie und die familiäre Sozialisation in den Blick nehmen, sondern auch die institutionelle Erziehung und Bildung. Die Kita ist in Deutschland ein politisch gewolltes Instrument der Erziehung – seit dem 1.8.2013 hat jedes Kind ab einem Jahr das Recht auf einen Kitaplatz. Neben dem Recht auf freie Wahl der Betreuung der Kinder erhofft man sich nicht zuletzt, die Kita als Ort der frühen Bildung zu etablieren und damit die familiäre Erziehung zu komplementieren und in bestimmten Fällen auch zu kompensieren. Studien, wie die der Bertelsmann Stiftung (z. B. Fritschi und Oesch 2008) haben gezeigt, dass der Besuch einer Kinderkrippe in den ersten drei Lebensjahren in der Tat die Bildungsbiographie maßgeblich beeinflusst. Die Wahrscheinlichkeit ein Gymnasium zu besuchen ist bei den Kindern, die eine Krippe besucht haben, deutlich höher, als bei Kindern, die in den frühen Jahren nur zu Hause betreut wurden. Der erfolgreiche Besuch eines Gymnasiums erhöht das Lebenseinkommen, so dass durch frühen Krippenbesuch ein volkswirtschaftlicher Nutzen entsteht, der die Kosten für die frühkindliche Betreuung um ein Vielfaches übersteigt. Auf diesen Zusammenhang hatte der Ökonomie-Nobelpreisträger James Heckman zuerst hingewiesen (Heckman 2013).

Die großen nationalen wie internationalen Kitastudien, wie die „British Cohort Studies" aus Großbritannien, die „Effective Provision of Pre-School Education (EPPE)", ebenfalls aus Großbritannien, die „Cost, Quality, and Child Outcomes in Child Care Centers (CQC)" aus den USA, die „Early Childhood Longitudinal Study (ECLS)" aus den USA, die sehr bekannt gewordene „NICHD (National Institute of Child Health and Development) study" (2008) aus den USA, die „European Child Care and Education Study (ECCE)", die verschiedene europäische Länder einbezieht, nämlich Deutschland, Österreich, Spanien und Portugal und schließlich die „Nationale Untersuchung zur Bildung, Betreuung und Erziehung in der frühen Kindheit (nubbek)" (s. Tietze et al. 2013) aus Deutschland haben übereinstimmend gezeigt, dass die Kita einen nennenswerten Einfluss auf Entwicklung und Bildung hat – wenn auch der Einfluss der Familie in jedem Fall größer ist (vgl. Abb. 1.1).

Es ist ebenfalls national wie international nachgewiesen, dass Familien mit höherem Bildungsstand ihre Kinder eher und auch früher in die Kita bringen. Höher gebildete Familien wiederum haben ziemlich ähnliche pädagogische Vorstellungen wie die Einrichtungen, so dass diese Kinder sich in einem konsistenten und überdauernden Erziehungsumfeld bewegen. Sogenannte bildungsferne Familien, ob mit oder ohne Migrationshintergrund, haben häufig andere Erziehungsziele und andere Vorstellungen über erzieherisches ebenso wie kindliches Verhalten. Auf diese – bedeutsame – Problematik wird später einzugehen sein.

Im Folgenden sollen zunächst die Grundzüge der familiären und außerfamiliären Sozialisation, Erziehung und Betreuung unter der Perspektive des zugrundeliegenden Menschenbildes und der darauf abgestimmten Erziehungsideologie analysiert werden.

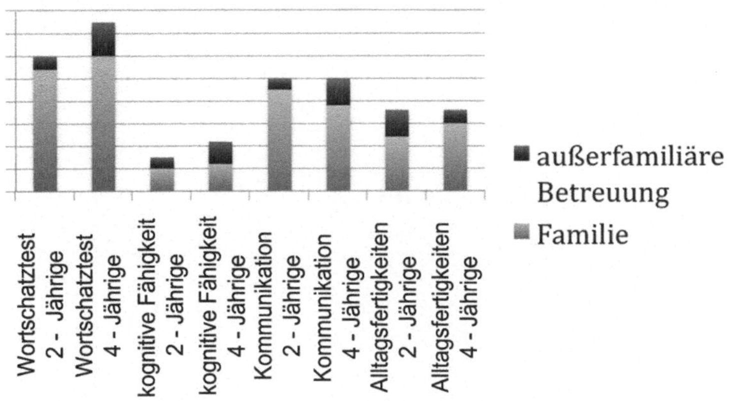

Abb. 1.1 Der Einfluss familiärer und außerfamiliärer Betreuung auf verschiedene Entwicklungsmaße bei 2- und 4-jährigen Kindern in der nubbek-Studie (Tietze et al. 2013)

Leider gibt es noch keine längsschnittlichen Untersuchungen, die die frühen Sozialisationserfahrungen mit den politischen Attitüden, der prosozialen Orientierung und dem prosozialen Handeln im jungen Erwachsenenalter wissenschaftlich fundiert zusammenbringen, so dass die im Folgenden vorgetragene Argumentationslinie konzeptionell bleibt. Das heißt aber nicht, dass sie nicht ernst zu nehmen ist. Sie sollte vielmehr Anlass bieten, unser frühes Erziehungs- und Bildungssystem kritisch zu reflektieren.

Das Bild des Kindes in der westlichen Welt 2

Jede Gesellschaft hat Leitbilder, an denen sich Menschen und Institutionen orientieren. Dazu gehören auch Bilder des Kindes, von Kindheit, die in Menschenbildern, d. h. der Vorstellung des guten und kompetenten Menschen, verhaftet sind. Kompetenz bedeutet, sich in einem bestimmten Umfeld zurechtzufinden, autonom handeln zu können und sich materiell versorgen zu können. Ein guter Mensch zu sein bedeutet, sich an den moralischen und ethischen Standards dieses Umfelds zu orientieren, sie einzuhalten und zu ihrer Verbreitung beizutragen. Glück, Zufriedenheit und Wohlbefinden sind damit noch nicht definiert, sollten sich aber aus der Konkordanz dieser Bereiche zwangsläufig ergeben. Wie solche Leitbilder und Bilder vom Kind entstehen ist Gegenstand historischer, soziologischer, anthropologischer, philosophischer Analysen, die hier nicht geleistet werden können. Für den hier diskutierten Zusammenhang ist wichtig, dass sie vor allem im Zusammenhang mit sozioökonomischen und soziodemographischen Parametern zu sehen sind. Das heißt also, das Bild vom Kind ist abhängig von der ökonomischen und soziodemographischen Lage ihrer Kreateure.

Aus verschiedenen internationalen wie nationalen Studien (z. B. der oben zitierten Bertelsmann-Studie von 2008) wissen wir, dass ökonomischer Erfolg an Bildungserfolg im formalen[1] Schulwesen gekoppelt ist. Mit dem Niveau der formalen Schulbildung gehen aber auch andere, nicht augenscheinliche Veränderungen einher. So nimmt zum Beispiel die Anzahl der Kinder mit der Höhe der Schulbildung ab, eine scheinbar paradoxe Konsequenz, würde doch die implizierte bessere ökonomische Situation die Versorgung von einer größeren Anzahl von

---

[1] Mit der Betonung des formalen Schulwesens soll deutlich gemacht werden, dass Bildung nicht nur in formalen, nach westlichem Muster funktionierenden Schulen vermittelt wird, sondern dass sehr wichtige Bildungsinhalte auch in der Familie, transgenerational und mit anderen als schulischen Vermittlungsmethoden übertragen werden.

© Springer Fachmedien Wiesbaden 2015
H. Keller, *Die Entwicklung der Generation Ich,* essentials,
DOI 10.1007/978-3-658-10392-7_2

Kindern erlauben. Mit der Anzahl der Kinder verändern sich auch die sozialen Umgangsformen, die Pflege/Betreuung wird individueller, exklusiver. Psychologische und ökonomische Investitionen werden größer. Das Erstgeburtsalter steigt, d. h. Elternschaft beginnt relativ spät in der individuellen Biographie – zwischen Ende 20 und Ende 30. Zu dem Zeitpunkt sollte die berufliche Karriere konsolidiert und andere Vorhaben der Lebensplanung, wie z. B. größere Reisen, realisiert sein[2]. Diese Konstellation begünstigt und erlaubt ein Modell elterlicher Fürsorge, das das individuelle Kind in den Mittelpunkt stellt und die soziale Umwelt in der Pflicht sieht, die Bedürfnisse und Wünsche dieses Kindes zu erspüren und feinfühlig zu beantworten. Die sehr populäre Bindungstheorie (s. z. B. Grossmann und Grossmann 2011) definiert eine sensitive Mutter, die in der Regel als die Hauptbindungsperson des Kindes angesehen wird folgendermaßen: Sie „ *…gibt dem Baby, was seine Kommunikationen intendieren und was er/sie möchte. Sie reagiert sozial auf Babys Versuche soziale Interaktionen zu initiieren, spielerische auf Versuche, Spiel zu initiieren. Sie hebt das Baby hoch, wenn er/sie es zu wünschen scheint und legt das Baby wieder hin, wenn er/sie explorieren möchte"* – so steht es in der Beurteilungsskala zur Einschätzung mütterlicher Sensitivität im ersten Lebensjahr der kanadischen Psychologin Mary Ainsworth, die zusammen mit dem englischen Psychiater John Bowlby die sogenannte Bindungstheorie etablierte. Das zugrunde liegende Menschenbild ist an psychologischer Autonomie orientiert (Keller 2013). Das bedeutet, dass das Baby von Anfang an als eine separate, aktive und autonome Person, wahrgenommen wird dessen Wünsche und Aktivitäten in sich selbst berechtigt sind (Ainsworth et al. 1978). Dieses Bild vom Kind wird auch von Institutionen gefordert und gefördert, wie beispielsweise der Bundeszentrale für gesundheitliche Aufklärung, die in einer Broschüre rät: *„Bei aller Abhängigkeit ist Ihr Baby schon eine eigene kleine Persönlichkeit mit eigenen Interessen. Wenn Sie Ihr Baby als Partner betrachten und ihm viel von sich und seiner neuen Welt mitteilen, werden Sie ein Team fürs Leben sein."* (Bundeszentrale für gesundheitliche Aufklärung 2010, S. 39). Die konsequente Orientierung an den Bedürfnissen eines jeden einzelnen Kindes ist ebenfalls das Grundprinzip einer kindgerechten Elementarpädagogik, wie in den Orientierungs- und Bildungsplänen der 16 Bundesländer dargelegt (s. dazu Borke und Keller 2014).

Psychologische Autonomie bedeutet sich seiner eigenen Fähigkeiten und Möglichkeiten bewusst zu sein, diese frei zu kommunizieren und über ihre Realisierung zumindest mit zu entscheiden. So entsteht ein Gefühl individueller

---

[2] Allerdings hat sich in den letzten Jahren eine kleine Bewegung gebildet, die das Reisen mit Kind propagiert; insbesondere auf dem Hintergrund der Elternzeitregelungen für beide Elternteile werden längere Familienreisen mit Säuglingen und Kleinkindern realisiert. Dazu gibt es inzwischen einige Bücher, Berichte in Magazinen sowie blogs.

Selbstwirksamkeit, das als Grundlage einer gesunden Persönlichkeit verstanden wird. Dieses Verständnis von Autonomie hat Konsequenzen für das Verständnis sozialer Beziehungen. Eigenständig denkende und fühlende Individuen respektieren die Ich-Grenzen der anderen und verhandeln die Bedürfnisse und Wünsche anderer auf dem Hintergrund der eigenen Interessen. Dazu gehört Durchsetzungsfähigkeit als soziale Kompetenz.

Wie wird dieses Bild vom Kind nun in erziehendes und erzieherisches Handeln umgesetzt? Die notwendigen Versatzstücke aus dem familiären Alltagsgeschehen sowie dem institutionellen Alltag werden im Folgenden vorgestellt.

Die Säulen der Sozialisation zur psychologischen Autonomie

3

Beginnen wir in der Familie und mit dem Säuglingsalter. Im Säuglingsalter sind die kulturellen Muster aufgrund des noch begrenzten Verhaltensrepertoires besonders deutlich sichtbar. Vom 1. Lebenstag an (und natürlich auch schon pränatal) sind Säuglinge einem endlosen Strom kultureller Botschaften ausgesetzt, aus dem sie sich peu à peu ihre Weltsicht konstruieren und aneignen. Dabei werden sie nicht kulturell abgestempelt. Entwicklung ist ein aktiver Prozess, aber natürlich tun sie in den allermeisten Fällen sehr gut daran, die kulturelle Essenz ihrer Umgebung aufzunehmen, da diese an die Umwelt, in die sie hineinwachsen, angepasst ist oder doch sein sollte.

Die erste zentrale Botschaft ist, wie schon gesagt, „im Zentrum steht das Kind".

Das zeigt sich bereits in dem räumlichen Arrangement, in dem Säuglinge positioniert sind (vgl. Abb. 3.1). Die typische soziale Situation sieht so aus, dass der Säugling auf dem Rücken liegt und eine auf ihn zentrierte Umwelt erfährt. Die Mutter, zuweilen auch der Vater oder, seltener, eine Großmutter beugen sich über den liegenden Säugling und bringen das Gesicht in einen optimalen Abstand für Blickkontakt. Daneben spielen weitere optische Anregungen eine wichtige Rolle, wie z. B. eine Menge an Spielzeug, die in Formen, Farben, Bewegungen und mit Tönen stimulieren. Währenddessen spricht die Mutter das Baby kontinuierlich an, erklärt, was sie tut, kommentiert alle Signale des Babys und stellt unendlich viele Fragen. Darauf kommen wir gleich noch einmal ausführlicher zurück. Diese Interaktion ist distal, da die Fernsinne dominieren, Sehen und Hören. Körperkontakt und motorische/körperbezogene Verhaltensweisen spielen eine vergleichsweise untergeordnete Rolle.

© Springer Fachmedien Wiesbaden 2015
H. Keller, *Die Entwicklung der Generation Ich,* essentials,
DOI 10.1007/978-3-658-10392-7_3

Abb. 3.1 Eine typische Interaktionssituation einer deutschen Mittelschichtmutter mit ihrem 3 Monate alten Baby

Diese Zentrierung auf das Baby erfordert exklusive dyadische Aufmerksamkeit. Sonst können die subtilen Signale, wie es in der Sensitivitätsskala gefordert wird, nicht wahrgenommen werden. Allerdings wird hier nur ein Kommunikationskanal, nämlich der Blickkontakt, berücksichtigt – es ist der Kommunikationskanal, der in dieser Philosophie als der wichtigste und die Entwicklung des Babys am besten unterstützende erachtet wird.

Während des Blickkontaktes lernen Babys eine weitere wichtige Botschaft, nämlich, dass sie ihre Umwelt kontrollieren und das Verhalten anderer lenken können – und das macht die Umwelt vorhersagbar. Das geschieht über den sog. Kontingenzerkennungsmechanismus. Babys in den ersten Lebensmonaten können in einem sehr kurzen Zeitfenster von maximal einer Sekunde Ereignisse als zusammengehörig wahrnehmen. Daher hat sich in der Menschheitsgeschichte ein komplementärer Mechanismus herausgebildet, der uns in eben diesem Zeitfenster auf kindliche Signale reagieren lässt. Mit wenigen Ausnahmen sind diese Zusammenhänge bisher fast ausschließlich im distalen Modus untersucht worden, d. h., wenn Säuglinge schauen, lächeln, vokalisieren, sich mimisch verhalten, reagieren Mutter (Vater, Großmutter) in diesem knappen Zeitfenster mit einer Antwort, schauen zurück, reagieren auch mimisch, sprechen/vokalisieren usw. So bilden Säuglinge Kontrollüberzeugungen aus, die zudem die Botschaft enthalten, dass Säugling und andere Person getrennte Einheiten/Personen sind – eine weitere wichtige Erkenntnis auf dem Weg zu psychologischer Autonomie.

Wichtig ist in diesem Arrangement weiterhin Spielzeug, oder, wie es technisch heißt, Objektstimulation. Babys besitzen vom ersten Tag an eine große Zahl an Objekten mit den verschiedensten Funktionen, Farben, Bewegung, Akustik. Mütter versuchen die Aufmerksamkeit der Babys auf Objekte zu lenken:

Ja was. Ja was, was kannst Du da sehen?
Erzähl mir mal.
Erzähl mir mal, was siehst Du da?
Was siehst Du denn?
Was siehst Du denn da?

So oder so ähnlich sprechen westliche Mittelschichtmütter mit ihren Babys während des ersten Lebensjahres. Dabei akzeptieren sie auch selbstverständlich, wenn das Baby dem Objekt mehr Aufmerksamkeit entgegenbringt als ihr:

[Ist sie da] jetzt ein bisschen anders beschäftigt, [da].
Guckt halt auf, auf Ihr Spielzeug da.
Das ist interessanter als die Mama im Moment.
Ist auch o.k. Darf se, ne?

Die frühe Orientierung des Babys auf die Objektwelt legt das Fundament für eine weitere Säule: Alleine-sein-Können ist eine wichtige Entwicklungsaufgabe. Entsprechend verbringen Babys aus westlichen Mittelschichtfamilien einen großen Anteil des Tages alleine bzw. umgeben von Spielzeug, welches Bedürfnisse vielfältiger Art befriedigen soll, sowie mit kuscheln, anregen, ablenken. Eine Mittdreißigerin aus der euroamerikanischen Mittelschicht in Los Angeles, die vor drei Monaten ihr erstes Kind geboren hat, erklärt uns das folgendermaßen in einem Interview:

Mutter: sie brauchen nicht ständig jemanden um sich herum Das macht sie nur abhängig und sie werden weinerlich, weil sie nicht alleine sein können. Für uns Menschen ist es wichtig mit sich selbst eine Beziehung zu haben – so dass sie alleine sein können.
Interviewerin: Mhm. Wenn sie älter sind.
Mutter: Uhm—nein schon als Babys müssen sie in der Lage sein nicht ständig jemanden um sich herum zu brauchen.
Interviewerin: Mhm.
Mutter: So entwickeln sie Identität von sich selbst.

In einer laufenden Untersuchung mit deutschen Mittelschichtfamilien haben wir gefunden, dass drei Monate alte Babys fast genau so lange ohne Kontakt sind wie in exklusiver dyadischer Aufmerksamkeit, nämlich fast 28 % des Tages.

Bei all dem ist der Ausdruck positiver Emotionalität wichtig. Babys sollen lächeln und gurren, so dass Ihre Lebensfreude sichtbar wird.

Hallihallo
Freust dich des Lebens, ne?
Du freust dich des Lebens, ne?
(…)
'Gefällt dir, ne?
Das Ge↑fällt dir. (1)
Das ge↑fällt dir wohl, das ↑weiß ich wohl. (2)

Und bei diesem Thema werden Mütter auch schon einmal direktiv:

Du musst mal lachen. *(Kind ist sehr quengelig und will weinen)* Ja.
Kleiner Mann?
Ja, Du musst mal lachen. Eyeyey.

Sonst sind in den frühen Konversationen Wörter wie „müssen" oder „sollen" von westlichen Mittelschichtmüttern eher nicht zu hören. Quengeln und Weinen macht diese Mütter rat- und hilflos:

Ach Mausi, was ist denn los? Hm? Wat denn los?
Hm? [Ist Dir] langweilig, oder was?
Kind: fängt an zu schreien
Mausi. Hm? [Schatz.] [tststs] [tststs] Hm?
Hm? Was macht denn das für 'nen Eindruck hier auf den Film *(Kind quengelt noch immer) (redet, unverständliche)* [tschtsch, Süße?]
Hm? So? *(mit Schnuller im Mund hat sich Kind beruhigt)*
Kannst doch mal ein freundliches Gesicht machen. Hm?

Positive Emotionalität ist eine Instantiierung von Individualität; Quengeln und Weinen sind in diesem Prozess die falschen Signale. Individualität wird auch durch den reichlichen Gebrauch von Lob transportiert:

Ja. Klasse machst Du das.
Nochmal. Uapuapuap.
Ja, ah, aber das machst Du toll.
Nochmal?

Toll machst Du das. Ah.
Ja super, Du bist der größte…

An diesen Beispielen wird deutlich, dass den Gesprächen, dem narrativen Umschlag der sozialen Interaktionen, eine große Bedeutung zukommt. Und daran wird noch eine wichtige weitere Säule offensichtlich: die Mentalisierung. Die Konversationen drehen sich um innere Zustände (ist Dir langweilig), Befindlichkeiten (das passt Dir jetzt nicht mehr), positive Emotionalität (freust Dich des Lebens), Intentionen und Präferenzen (was möchste denn jetzt machen). Das heißt, die Konversationen sind Vorstellungstätigkeiten, die es erlauben, menschliches Verhalten wahrzunehmen und als intentional zu interpretieren in Form von Bedürfnissen, Wünschen, Überzeugungen, Zielen, Vorsätzen, Gründen. Mentalisierungen werden von den Anhängern der Bindungstheorie inzwischen als fast noch wichtiger erachtet als Sensitivität: Elisabeth Meins, eine der Protagonistinnen der Bedeutung der Mentalisierung hat nach ihrer Aussage das Konzept der mütterlichen Sensitivität überdacht, und kam zu dem Schluss, dass die Fähigkeit der Mutter, die mentalen Zustände der Babys die hinter den Verhaltensweisen liegen, richtig zu lesen – und diese Zustände und Prozesse richtig und angemessen zu kommentieren, die Vorläuferqualität von Bindungssicherheit sei (Meins et al. 2002). Diese Mentalisierungen werden üblicherweise im Frageformat vorgetragen:

Willst Du alleine spielen?
Freust Du Dich?
Willst Du mir was erzählen?
Willst Du mit Deinem Bärchen spielen?
Hast Du Hunger?
Soll die Mama Dir das Bilderbuch zeigen?
Bist Du müde?
Soll der Papa mit Dir spielen?
Soll die Oma morgen zu Besuch kommen?

Die Fragen implizieren häufig Entscheidungen, die das Baby treffen soll, ob es alleine oder in Gesellschaft sein möchte, wer ihm Gesellschaft leisten soll, was es tun möchte, wie sein Befinden und sein Zustand ist. Natürlich können Babys das gesprochene Wort semantisch noch nicht verstehen. Bedeutung wird allerdings auch durch Intonation und Phrasierung vermittelt. So hat die Entwicklungsbiologin Kathleen Wermke nachweisen können, dass bereits Neugeborene in ihrem Weinen kulturelle Prägungen aufweisen. Der Intonationsbogen französischer Neugeborener folgt der Betonung der letzten Silbe eines Wortes, wie z. B. bei mamán, während deutsche Neugeborene in ihrem Schreien quasi die erste Silbe betonen, wie bei Máma (Wermke 2011).

Zusammenfassend kann man also sagen, dass psychologische Autonomie vom ersten Lebenstag an vorgelebt, vermittelt und eingeübt wird. Der Säugling wird als quasi gleicher Partner behandelt, dessen Wünsche, Bedürfnisse und Zuständlichkeiten jedoch absolute Priorität haben. Die Umwelt kreist um das individuelle Kind – so kam wohl die Metapher der Helikopter-Eltern in die Welt.

Natürlich ist der Sozialisationsprozess nicht mit der Vollendung des ersten Lebensjahres abgeschlossen, aber es sind wichtige Weichen gestellt, die in den folgenden Jahren ausgebaut und konsolidiert werden. Entwicklung ist ein kontinuierlicher Prozess, wenn nicht Ereignisse eintreten, die zu gravierenden Veränderungen der Umwelt führen und damit die Adaptivität der alten Muster infrage stellen. In der Regel werden jedoch die kulturellen Botschaften lediglich an den kindlichen Entwicklungsstand angepasst, ihre Struktur und die Inhalte bleiben gleich. Auch das 2-jährige Kind erfährt sehr viel dyadische Aufmerksamkeit und ungeteilte Zuwendung und lenkt das Verhalten der Mutter. In einer Untersuchung des Spielverhaltens von deutschen Mittelschichtmüttern mit ihren 19 Monate alten Kindern haben wir festgestellt, dass die Kinder sprichwörtlich den Ton angeben – sie bestimmen was und womit gespielt wird und die Mütter folgen diesen Initiativen (Keller et al. 2011). Kinder aus westlichen Mittelschichtfamilien haben in der Regel keine häuslichen oder familiären Pflichten, schließlich sollen sie alle Energie darauf verwenden, das Beste aus sich herauszuholen. Insofern ist das Ausführen kleiner Aufträge auch eine nicht wirklich ernst zu nehmende Aufforderung. Das folgende kurze Transkript stammt aus einer Untersuchung, in der wir Mütter baten, ihren 19 Monate alten Kindern kleine Aufträge im häuslichen Umfeld zu erteilen, deren Erfüllung ihnen leicht fallen müsste. Im folgenden Beispiel sind Mutter und Kind in der Küche. Die Mutter beugt sich zu ihrem kleinen Sohn, der an einem Stuhl steht und auf dessen Sitz schaut, hinunter und sagt mit freundlicher Stimme:

M: Kannst Du mir den Lappen bringen? Weißt Du, wo der Lappen ist? Hm? Wo ist der Lappen?
Der Junge schaut auf verschiedene Stuhlteile und versucht daran rum zu klettern. Dem, was die Mutter sagt, scheint er keine Aufmerksamkeit zu schenken.
M: Womit wäscht die Mama immer ab? Oder den Schwamm, weißt Du, wo der Schwamm ist? Hm? Kannst Du mir den bringen?
Die Mutter hat sich noch weiter zum Kind gebeugt.
Der Junge umarmt den Stuhl, wippt mit einem Bein und schaut in der Gegend rum.
M: Hm? Mäuschen. Womit wäscht der Tim immer ab? Wo ist das Wasser, Tim, hm?
Die Mutter greift den Jungen am Arm.

Der Junge schaut hoch und nun schauen sich beide an.
Mutter hält den Jungen fest, der sich weg bewegt.
M: Mäuschen, wo ist das Wasser, hm?
Der Junge sagt etwas Unverständliches, weist mit dem Arm in Richtung Spüle und
  schaut dorthin.
M: Kannst Du mir den Schwamm mal bringen? Der, mit dem Mama immer ab-
  wäscht?
Junge schaut zur Kamera und geht auf die Kamera zu.
M: Gibst Du mir den Schwamm, Tim? Hm?
Mutter streicht dem Jungen liebevoll die Haare aus der Stirn.
M: Gibst Du mir den Schwamm?
Junge bewegt sich weiter auf die Kamera zu.
Der Junge führt den Auftrag nicht aus und die Mutter gibt auf.

Dieses Beispiel macht deutlich, dass die Struktur der Konversationen aus der frühen Säuglingszeit nahtlos in das Verhaltensrepertoire des laufenden und am Beginn der Wortexplosion stehenden Kindes übernommen wird. Die Mutter ist sehr freundlich und wohlwollend, sie benutzt ein sehr elaboriertes Sprachregister, in dem sie den Auftrag in immer neue Formulierungen einbettet; sie kleidet den Auftrag in Frageform, fügt Zwischenschritte und Hilfestellungen (wo ist das Wasser) ein, und akzeptiert schließlich, dass der Junge mit einer kurzen Unterbrechung ihr keine Aufmerksamkeit schenkt und den Auftrag auch nicht ausführt. So möchte sie den Weg zur Selbstbestimmtheit und Eigenverantwortlichkeit ihres Kindes unterstützen. Natürlich mag die Anwesenheit der Kamera diesen Prozess noch unterstützt haben, aber sicher wird die Kamera kein qualitativ anderes Verhaltensrepertoire abrufen. Gerade vor der Kamera zeigt man doch das Verhalten, das man für gut und richtig hält, also das sozial Erwünschte, und das ist identisch mit der kulturellen Folie. Die weiter vorne zitierte Mutter, die nicht wollte, dass ihr Baby quengelt, hat das ja bereits auf den Punkt gebracht: „Was macht denn das für 'nen Eindruck hier auf den Film?" Konversationen und Dialoge der geschilderten Art kann man im Schwimmbad, auf dem Spielplatz, im Bus, eigentlich überall, wo sich kleine Kinder aufhalten, in vielfältiger Form tagtäglich hören.

Und diese Struktur bleibt auch über die nächsten Jahre erhalten. Schauen wir uns beispielhaft noch einen kleinen Teil einer Unterhaltung zwischen einer Berliner Mittelschicht-Mutter und ihrem dreijährigen kleinen Sohn an. Sie sprechen über den Geburtstag des Kindes, der erst eine Woche zurückliegt.

M: Der war cool, der ganze Geburtstag?
K: Mhm.

M: Schon Morgens?
K: Ja, ich wollte ja auch gr//, kr// rote Geschenke, nich blaue.
M: Rotes Papier wolltest Du haben, um deine Geschenke?
K: Mhm, ja.
M: Und dis blaue hat dir nich gefallen?
K: Mhmmhm.
M: Ja, aber die Geschenke ham dir doch gefallen, oder? Ja?
K: Aber dis blaue nich mit die Fische.

Der kleine Dialog dreht sich um die farblichen Vorlieben des Kindes. Es ist für die Mutter offensichtlich selbstverständlich, dass der kleine Sohn blaues Geschenkpapier um seine Geschenke haben wollte und nicht rotes. Mit ihrem Verhalten bestätigt sie seine Präferenz. Es wird wiederum eine mentale Sprache verwendet, es geht um „wollen" und „gefallen", also Konzepte, die den Jungen seit seinen Babytagen begleiten und formen. Der Junge verwendet das gleiche Sprachregister, er kann seine Präferenzen schon klar artikulieren und spricht über seine Wünsche und Bedürfnisse. Er entwickelt sich in seinem kulturellen Milieu und erwirbt die Werkzeuge, die er dort braucht. So wird psychologische Autonomie gebahnt, erworben und gefestigt.

Die Kita als Spiegelbild der Mittelschichterziehung 4

Dieses Bild vom Kind finden wir in direkter Übersetzung in der Elementar- und Frühpädagogik. Häufig unter Bezug auf die UN-Kinderrechtskonvention finden wir in den Orientierungsplänen der Kitas für alle 16 Bundesländer Formulierungen wie

Jedes Kind hat das Recht

- auf Bestätigung, Lob und Anerkennung
- Wahrnehmung seiner Bedürfnisse und Wünsche
- auf Wahrung seiner Grenzen
- sich zurückzuziehen und Ruhe zu suchen
- seine Spielpartner selbst auszusuchen

Auch in der Kita werden die Kinder mit Fragen bombardiert, vor Wahlen und Entscheidungen gestellt:

- Wo willst Du sitzen?
- Was willst Du spielen?
- Mit wem willst Du spielen?
- Wo willst Du spielen?
- Willst Du ein Bild malen?
- Willst Du heute gar nicht reden?
- Bei Joshua ist noch Platz, neben Pit ist noch Platz und bei Johanna ist noch Platz – wo möchtest Du Dich hinsetzen?

In den Fragen sind Wahlen impliziert, die ein mögliches Verhaltensspektrum aufmachen. Du könntest malen, Du könntest aber auch in die Bücherecke gehen oder in den Werkraum, oder, oder, oder.

© Springer Fachmedien Wiesbaden 2015
H. Keller, *Die Entwicklung der Generation Ich*, essentials,
DOI 10.1007/978-3-658-10392-7_4

Aber auch alltägliche Notwendigkeiten werden in Frageform gekleidet, oder zumindest wird die Zustimmung des Kindes eingeholt.

Du kannst den Stein hinter Dich legen, wenn Du willst.

Hier sitzen die Kinder im Morgenkreis und sollen die Hände frei haben, um alle möglichen Übungen machen zu können. Es soll aber die freiwillige Entscheidung des Kindes sein, den Stein aus der Hand zu legen.

Janna, du kannst dich schon mal an den Tisch setzen, okay?

Alle Kinder sollen/müssen sich zum Mittagessen an den Tisch setzen, Janna soll aber zustimmen, dass dies für sie auch okay ist.

Janna, wenn du möchtest, können wir gleich zusammen das Fenster bemalen.

Die Botschaft hier ist, dass die Erzieherin dem Kind einen Vorschlag macht, es ihm aber offen lässt, ob es diesen Vorschlag annehmen möchte oder nicht.

Wenn du willst, helfe ich dir beim Schuhe anziehen.

Die Erzieherin vermittelt dem Kind, dass es die Schuhe gerne alleine anziehen kann, aber wenn es möchte und es akzeptierst, hilft sie ihm auch gerne.

Wir wollen jetzt gerne rausgehen. Möchtest Du Deine Gummistiefel anziehen?

Draußen ist es sehr nass, es hat heftig geregnet. Sollte ein Kind sich wirklich aussuchen können, ob es in den Hausschuhen, die es in der Kita trägt, oder den Gummistiefeln, die dem Wetter angemessen wären, wählen kann?

Insbesondere mit dem Konzept der *Selbstbildung* ist in der Elementar- und Frühpädagogik ein Pendant zur familiären Sozialisation zur psychologischen Autonomie entstanden. Selbstbildung betrifft die Eigenaktivität des Kindes, sich zu bilden. Der Pädagoge Gerd E. Schäfer formuliert programmatisch, dass

- man sich letztlich nur selbst bilden kann,
- Lernen einen persönlichen Sinn ergeben muss – das gilt auch für Säuglinge,
- Bildungsprozesse Selbst- und Weltbilder zu einem mehr oder weniger spannungsvollen Gesamtbild verknüpfen (s. Schäfer 2005, S. 30).

In der Praxis wird das dann so umgesetzt, dass Kinder keine Instruktionen und Anweisungen erhalten, sondern selbst herausfinden sollen/müssen, was sie tun möchten. Der folgende Dialog zwischen einem Erzieher und der dreijährigen Klara verdeutlich diese Vorgehensweise:

Klara (*weinerlich*): Ich hab keinen zum Spielen
Erzieher: Oh, was machen wir jetzt? Mit wem MÖCHtest du denn gerne spielen oder WO möchtest du denn gerne spielen?
Klara: Weiß ich nicht
Erzieher: Dann wäre es vielleicht gut, wenn du mal eben kurz überlegst, vielleicht in welchem Zimmer du spielen möchtest oder was du spielen möchtest oder mit wem du spielen möchtest und dann könntest du da mal hingehen. Soll ich mal mitkommen und gucken? (*Klara nickt*) Ja?
Klara: ich möchte mit Carlotta
Erzieher: Ja guck mal, Carlotta ist hier. Kannst was zusammen mit ihr machen.

Dazu gehört natürlich auch, selbstbestimmt zu handeln. Das folgende Transkript einer alltäglichen Situation in einer Kita ist das perfekte Pendant zur häuslichen Szene, in der der 19 Monate alte Tim von seiner Mutter gebeten wird, den Schwamm zu holen.

Wir sind in einer städtischen, qualitativ als sehr hochwertig eingestuften Kita. Es wird ein offenes Konzept vertreten mit viel freiem Spiel und Selbstbestimmung der Kinder. Eine Erzieherin wischt den Esstisch ab. Die 2-jährige Luisa kommt in den Raum und zeigt der Erzieherin ein kleines Stoffsäckchen.

Erzieherin: Hast Du ein Säckchen dabei?
Luisa: Jaaa
Luisa hebt das Säckchen über ihren Kopf, klatscht es auf den Tisch und hebt es wieder hoch. Dabei erzählt sie der Erzieherin etwas von einem Bagger. Die Erzieherin wischt weiter den Tisch ab.
Erzieherin: *unverständlich* Bagger also. Bring doch mal das Säckchen in den Toberaum. Wir räumen jetzt hier nämlich auf, ne?

Im Hintergrund sind andere Kinder und weitere Erzieher zu hören. Die Erzieherin verlässt den Essraum. Luisa hantiert weiter mit dem Säckchen herum. Ca. 50 s nach der Aufforderung der Erzieherin, das Säckchen in den Toberaum zu bringen, läuft Luisa los in Richtung Toberaum. Sie wirft das Säckchen in den Raum hinein, in dem andere Kinder sind, die schreiend reagieren und Luisa das Säckchen sofort zurück werfen. Sie hebt es auf und läuft den Flur entlang, um das Säckchen auch einmal in hohem Bogen vor sich her zu werfen. Dann hebt sie es auf und läuft damit ins Badezimmer, legt es auf einen Hocker, fingert an dem Stoff herum, um es dann auf den Boden zu legen und damit die Kacheln abzuwischen. Dann streicht sie mit dem Finger über die Kacheln, lässt das Säckchen liegen und läuft aus dem Badezimmer raus. Als sie rauskommt, wird sie von einem Erzieher mit freundlicher Stimme angesprochen.

Erzieher: Luisa, bringst Du noch mal das Säckchen in den Toberaum zurück? Ja?
   Hier, das Säckchen, das ist hier vorne.
Luisa geht zurück ins Badezimmer, hebt das Säckchen auf und hebt es über ihre
   Schulter.
Erzieher: Genau das! Einmal in den Toberaum bitte.

Jetzt geht Luisa erneut zum Toberaum und wirft das Säckchen hinein. Sie wartet ab, aber nichts passiert. Die Kinder, die das Säckchen vorher zurück geworfen hatten, sind nicht mehr im Toberaum. Die gesamte Situation hat von der ersten Aufforderung bis zur Ausführung 2 min 45 s gedauert.

Obwohl hier der Vorgang letztendlich zum gewünschten Abschluss kommt, ist doch der Prozess der weiter oben geschilderten familiären Situation sehr ähnlich. Luisa entscheidet, ob und wann sie den Auftrag ausführen will, lässt sich unterwegs von allen möglichen Vorkommnissen, wie der Bodenbeschaffenheit im Badezimmer, den anderen Kindern im Toberaum, ablenken und verliert dabei zuweilen den Auftrag ganz aus den Augen, agiert also völlig selbstbestimmt. Bei dem gesamten Prozess wird sie von einer Erzieherin und einem Erzieher begleitet, die beide sehr freundlich, elaborativ und bestätigend mit ihr sprechen bzw. sie bitten, das Säckchen zurückzubringen. Auch hier stehen die Intentionen und Wünsche des Kindes im Vordergrund und sind handlungsleitend für die Pädagogen.

Obwohl die Kita ja per definitionem eine Gruppensituation darstellt, wird doch viel Wert auf dyadische Interaktionssituationen gelegt. In einer Bestandsaufnahme in einer städtischen Kita über alle ErzieherInnen und alle Situationen während eines gesamten durchschnittlichen Tages stellten wir fest, dass die Kinder sich knapp 50 % des Tages in dyadischen Interaktionen mit jeweils einer ErzieherIn befanden (s. Abb. 4.1).

Den zweitgrößten Anteil an dem Kuchen betreffen Situationen, in denen Kinder überhaupt keinen direkten Kontakt mit Erziehern haben. Dies sind sicherlich die Zeiten, die für das Freispiel ausgewiesen sind. In Beobachtungen der Tagesabläufe einer weiteren städtischen Kita haben wir einen Freispielanteil von fast 50 % für 2- und 3-jährige Kinder notiert. Sicherlich verhalten sich hier alle ErzieherInnen in völligem Einklang mit den gängigen Vorstellungen guter pädagogischer Qualität.

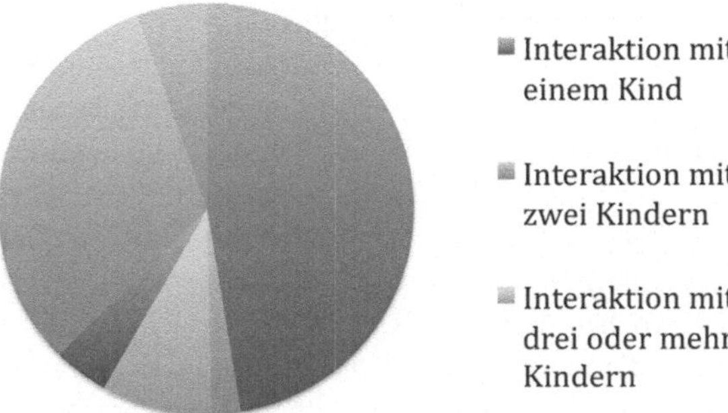

Abb. 4.1 Interaktionsstrukturen von ErzieherInnen mit einem, zwei oder drei und mehr Kindern während eines typischen Kitaalltags

Hier sind wir wieder bei dem Selbstbildungsansatz, aber auch bei der Bindungstheorie.

4.1 Bindungstheorie und Kita

Die Bindungstheorie wurde in den 1960/70er Jahren von dem englischen Psychiater John Bowlby und später unter der Mitwirkung der kanadischen Psychologin Mary Ainsworth formuliert. Sie besagt in ihrem Kern, dass es für Kinder lebensnotwendig ist, in den ersten Lebensjahren ein enges emotionales Band zu einer oder wenigen Bezugspersonen zu bilden. Dabei wird die Qualität des kommunikativen Austauschs zwischen Bezugsperson und Kind als zentral für die Qualität der Bindung angesehen und damit für die Aussicht auf den weiteren Entwicklungsverlauf. Auf der Grundlage der Bindungstheorie wird für die pädagogische Arbeit in der Kita auch die Bedeutung der (dyadischen) ErzieherIn-Kind-Beziehung betont. Von der Erzieherin wird erwartet, dass sie Bindungsbeziehungen zu den Kindern aufbaut, in denen sich die Kinder geborgen und sicher fühlen, um damit den Raum zu schaffen, in dem Kinder explorieren können. Zum Beziehungsaufbau sind nach dieser Vorstellung dyadische Kommunikationssituationen bedeutsam. ErzieherInnen müssen Verfügbarkeit und Sensitivität im Umgang mit den kindlichen Bedürfnissen bereitstellen, damit Kinder die entsprechende Bindungssicherheit erwerben können. Dabei soll Empathie eine wichtige Rolle spielen. Empathie, wie sie in der entwicklungspsychologischen Literatur verstanden wird, meint das Verstehen der Befindlichkeit einer anderen Person. Das setzt die Wahrnehmung der anderen Person als von der eigenen getrennt voraus. Auch darin ist das oben skizzierte Menschenbild der einzelnen Person mit stabilen Ich-Grenzen gespiegelt.

Der Einfluss der Bindungstheorie zeigt sich auch in der Gestaltung des Übergangs in die Kita. Das weit verbreitete sogenannte Berliner Modell (Laewen et al. 2003) basiert auf der Primarität der Bindungsbeziehung an die Mutter/den Vater und die angenommene Furcht/Scheu vor anderen Erwachsenen. In Anwesenheit der Bindungsperson wird das Kind schrittweise an die Kita gewöhnt, wobei der Beziehungsaufbau zu einer Erzieherin (Bezugserzieherin) im Mittelpunkt steht. Dieser Prozess soll auf das individuelle Kind abgestimmt sein und kann bis zu vier Wochen dauern. Das Kind soll zu der ErzieherIn dann eine Beziehung aufbauen, die Bindungsfunktionen erfüllt und Exploration und Erkundung ermöglicht. Bindung soll so Bildung ermöglichen. Entsprechend kann man eine zunehmende Literatur finden, die Bindung als Voraussetzung für Bildung definiert.

Insgesamt wird deutlich, dass Sozialisations- und Erziehungsumfeld in Kita und Mittelschichtfamilie gleichsinnig sind. Beide sozialisatorischen Institutionen gründen auf dem kulturellen Modell der psychologischen Autonomie und haben vielfältige Ausdrucksformen im Alltag gefunden. Die frühen Erfahrungen haben Konsequenzen für die Entwicklung der Kinder. Diese Entwicklungskonsequenzen sollen in den folgenden Abschnitten skizziert werden.

Konsequenzen der Sozialisation zu psychologischer Autonomie

5

Erfahrungen haben Auswirkungen auf Erleben und Verhalten. Alltagserfahrungen konstituieren Entwicklungsprozesse und führen zu Entwicklungsergebnissen. Mit anderen Worten, die frühen Erfahrungen haben Auswirkungen auf die weitere Entwicklung, und zwar in vorhersagbarer Weise. Kinder, die von Anfang an in elaborierte Diskurse einbezogen werden, lernen entsprechend auch früh sich elaboriert auszudrücken. Kinder, die von Anfang an nach ihrer Meinung gefragt werden, lernen auch früh, diese auszudrücken, und Kinder, die von Anfang an ihre Präferenzen äußern sollten, lernen auch früh, diese einzufordern. Die kurzen Gesprächsausschnitte, die weiter vorne berichtet wurden, weisen dies deutlich aus, z. B. wenn ein dreijähriges Kind sagt, es wolle rote Geschenke, nicht blaue. Der sprachliche Ausdruck ist Teil eines Entwicklungsmusters, das auf die frühe Manifestation von Selbstbestimmung, Selbstausdruck und Selbstbezug ausgerichtet ist. Das Bild von sich selbst, das Kinder entwickeln, kann man in den Bildern, die Kinder von sich malen, erkennen und analysieren. In einem Forschungsprojekt haben wir viele Kinderzeichnungen analysiert und fanden ein konsistentes Muster das die Zeichnungen von Kindern aus westlichen Mittelschichtfamilien charakterisiert, und zwar unabhängig von dem Zeichenniveau, also ob Kopffüßler oder realistische Selbstdarstellung (s. Abb. 5.1).

Die Zeichnungen sind raumgreifend, d. h. sie nehmen in Höhe und Breite relativ viel Raum des DIN-A-4-Blattes ein. Die Figuren sind auf der Grundlinie, d. h. der Kante des Blattes in senkrechter Position angeordnet. Die Gesichtszüge sind differenziert und zeigen einen lächelnden/lachenden Ausdruck. Wir haben diese Darstellungsfolie in der Abgrenzung zu anderen kulturellen Folien als Ausdruck genau der Eigenschaften interpretiert, die psychologische Autonomie ausmachen (s. dazu auch Gernhardt et al. 2014). Diese Eigenschaften und Merkmale werden üblicherweise als Ausdruck einer gesunden Entwicklung verstanden. Diese

© Springer Fachmedien Wiesbaden 2015
H. Keller, *Die Entwicklung der Generation Ich,* essentials,
DOI 10.1007/978-3-658-10392-7_5

Abb. 5.1 Darstellung eines Kopffüßlers und einer realistischen Selbstdarstellung von Kindern aus deutschen Mittelschichtfamilien

Entwicklung hat aber auch Begleiterscheinungen, die nicht immer angenehm, gewünscht oder gewollt sind. Darauf wird im nächsten Abschnitt näher eingegangen.

5.1   Die Trotzphase

Die Trotzphase wird in der entwicklungspsychologischen Literatur als eine notwendige Entwicklungsphase beschrieben, die mit etwa 2 Jahren beginnt und mit ca. 4 Jahren endet. Im englischen gibt es auch die Bezeichnung „terrible two". Diese Entwicklungsphase wird als bedeutsamer Schritt in der Persönlichkeitsentwicklung des Kindes betrachtet, in der der eigene Wille des Kindes erwacht. Das zeige sich dann in Trotzreaktionen und Gehorsamsverweigerungen. Daher spricht man neuerdings auch von der Autonomiephase, da Trotz negativ klingen könnte, es sich jedoch aber um eine notwendige Entwicklungsphase handele. Trotz helfe dem Kind, seine Autonomie zu äußern und zu stabilisieren. Das heißt also, der Widerstand gegen die menschliche Umwelt dient der Selbstbehauptung. Im Internet findet man viele Beschreibungen etwa der folgenden Art: *Sie kennen das: Ihr kleiner Sandkuchenbäcker wirft sich von einem Augenblick zum anderen brüllend auf den Boden, weil es Zeit ist, vom Spielplatz nach Hause zu gehen. Ganz klar: Ihr Kind steckt mitten in der Trotzphase! Auch wenn Kinder die Nerven ihrer Eltern jetzt ganz schön strapazieren können: Dieses Aufbegehren ist ein wichtiger Schritt auf dem Weg zur Selbstständigkeit.* (Elternwissen.kompakt). Interessanterweise glaubt man, dass es gerade besonders intelligente Kinder seien, die sich eine Vorstellung davon bildeten, was Sie haben oder erreichen wollen, die von Wutanfällen geschüttelt werden (kinder.de). Für Eltern ist die Trotzphase eine ziemliche Herausforderung – entsprechend gibt es eine schier unübersichtliche Flut von Ratgebern und Accessoires, wie Kleidungsstücke mit entsprechenden warnenden Aufschriften: Achtung: ich bin in der Trotzphase.

Das Alter von ungefähr 2 Jahren stellt für westliche Mittelschichtkinder einen ziemlichen Entwicklungsübergang dar, in kognitiver als auch in sozial-emotionaler Beziehung. Es wurde schon das Erwachen des eigenen Willens erwähnt – das steht im Zusammenhang mit dem Erwerb eines kategorialen Selbst, d. h. dass diese Kinder sich nun als tatsächlich getrennt von anderen wahrnehmen mit eigenen Gefühlen, Wünschen und Bedürfnissen. Das was Ihnen nun zwei Jahre lang vermittelt wurde, ist Teil ihres eigenen Erlebens geworden. Dieses kategoriale Selbst wird mit dem sogenannten Rouge-Test gemessen. Dazu wird einem Kind ein farblich markanter Fleck, meist rot (daher Rouge-Test) unauffällig neben der Nase (früher auf der Nase) appliziert. Das wird meist so praktiziert, dass die Mutter z. B. mit einem mit Lippenstift präparierten Taschentuch ihrem Kind die Nase putzt oder das Gesicht abwischt und dabei den roten Fleck anbringt. Das Kind darf natürlich nicht merken, dass da etwas appliziert wurde, deshalb wählt man inzwischen auch den Ort neben der Nase, denn die Nasenspitze kann man mit der peripheren Wahrnehmung sehen. Das Kind wird dann vor einen Spiegel platziert und seine Reaktionen werden beobachtet und notiert. Fasst es sich direkt an den Fleck oder äußert es sprachlich, sofern es das schon kann, dass etwas im Gesicht ist, was da nicht hingehört, wird das als Indikator für Selbsterkennen gewertet. Das bedeutet, die Fähigkeit, sich selbst als getrennt von anderen, als eigenständiges Individuum wahrzunehmen, ist ausgebildet. Kinder, die dies noch nicht können, glauben im Spiegel sei ein Spielgefährte und versuchen hineinzusteigen oder hinter den Spiegel zu sehen. Zuweilen werden sie recht ärgerlich über die „kommunikative Verweigerung" des Gegenübers, wenn diese auf Fragen nicht antworten. Mit 2 Jahren haben mehr als 90 % der Kinder aus westlichen Mittelschichtfamilien diesen als Entwicklungsmeilenstein betrachteten Übergang bewältigt und erkennen sich selbst im Spiegel.

Mit ungefähr zwei Jahren sind aber noch zwei weitere Entwicklungsfortschritte zu beachten, die mit der Entwicklung zu psychologischer Autonomie zusammenhängen. Zweijährige können laufen und sich motorisch mehr oder weniger sicher in der Welt bewegen, inklusive Treppensteigen. Damit wird der Handlungsspielraum erheblich größer, sie können vieles greifen, was vorher unerreichbar war. Die kleinen Forscher, wie sie oft genannt werden, haben in der Regel einen unermüdlichen Drang zur Erkundung der Umwelt und ihrer eigenen Möglichkeiten. Damit begeben sie sich potentiell in Gefahren, die Eltern verständlicherweise verhindern und ausschließen möchten. Das Kind entdeckt also nicht sein Nein, wie es fälschlicherweise in der Beschreibung der Trotzphase oft zu lesen ist, sondern das Nein der Umwelt, der Eltern. Und dies ist eine völlig ungewohnte und in hohem Maße unerwünschte Störung des kleinen Egos, das bisher bedingungslose Erfüllung aller Wünsche erleben durfte. Und das ruft lauten Protest hervor, denn auch die Äußerung aller Bedürfnisse und Wünsche wurde ja bisher bedingungslos unterstützt.

Und in manchen Familien kommt ein zweites, noch gravierenderes Ereignis dazu. Geburtsstatistiken in Deutschland zeigen, dass, wenn ein zweites Kind in eine Familie hineingeboren wird, dies im Schnitt 2 Jahre nach der ersten Geburt erfolgt. Das erste Kind wird im Alter der Frau von ca. 28 Jahren geboren, ein zweites kommt dazu, wenn die Mutter zwischen 30 und 31 Jahren alt ist. Das bedeutet für das erste Kind die sicherlich höchst frustrierende Erfahrung, nicht mehr im Mittelpunkt der elterlichen Aufmerksamkeit und des elterlichen Interesses zu stehen, sondern diese nicht nur zu teilen, sondern auch häufig noch zurückzustehen. Das erfordert die Rolle des älteren Geschwisters, auf das die Kinder in der Form nicht vorbereitet sind, auch wenn die Eltern mit ihnen vorher entsprechende Bücher durchgearbeitet haben und der wachsende Bauch der Mutter sicher liebevoll kommentiert und besprochen wurde. Die abstrakte Situation ist plötzlich furchtbare Realität und die häufig bemühte Metapher des Prinzen oder der Prinzessin, die vom Thron gestoßen wurden, trifft die Lage sicher gut. Auch das führt zu Äußerung von Unmut, Unwillen, Protest. Zweijährige erleiden so etwas wie einen Realitätsschock, den sie offensichtlich nur mit der Äußerung von erheblichen Widerstand bearbeiten und verarbeiten können.

Dass Trotz ein westliches Mittelschichtphänomen ist, zeigt sich daran, dass Trotz und heftige und lautstarke Unmutsäußerungen in vielen anderen Kulturen völlig unbekannt sind. Familien verfolgen dort andere Erziehungsziele, wie z. B. die Einordnung in die Gemeinschaft, was mit Respekt und Selbstverantwortung einhergeht und für die Äußerung negativer Emotionen keinen Raum lässt. Darauf werden wir später noch einmal zurückkommen.

Die Sozialisation zu psychologischer Autonomie hat aber auch einige Kehrseiten, die nun im folgenden Abschnitt diskutiert werden sollen.

Die Kehrseite psychologischer Autonomie

6

Die uneingeschränkte Betonung der psychologischen Autonomie ist zwangsläufig mit der Vernachlässigung anderer Kompetenzen verbunden, was sehr bald im Entwicklungsverlauf sichtbare Auswirkungen hat. Zwei Entwicklungsbereiche machen dies in besonderer Weise deutlich: soziale Kompetenzen und Handlungskompetenz/Autonomie. Der Selbstbezug Zweijähriger, die Trotzanfälle haben, ist natürlich auch bereits eine Ausdrucksform mangelnder sozialer Rücksichtnahme, die bei Zweijährigen in anderen kulturellen Kontexten durchaus bereits ausgeprägt ist (s. Keller 2013). Die Konzentration auf die innere, mentale Welt vernachlässigt die handelnde Ausführung, besonders da, wo es um die Übernahme von Verantwortlichkeiten geht. Insofern sind beide Dimensionen miteinander verknüpft.

6.1 Soziale Kompetenz

Soziale Kompetenz meint die Bedürfnisse, Wünsche und Intentionen anderer in die eigene Wahrnehmung und Handlungsplanung mit einzubeziehen. Mit etwa drei Jahren haben Kinder Empathie ausgebildet, das heißt, sie können die Bedürfnisse anderer erkennen und ihr Handeln darauf abstellen. Dazu wird häufig eine Standardsituation verwendet, in der in einer Laborsituation eine Versuchsleiterin mit einem Kind spielt. Dabei hat jeder einen Teddybären. Derjenige der Versuchleiterin ist so präpariert, dass der Arm des Teddy nach einer Weile abfällt. Das Verhalten des Kindes auf die deutlichen Trauerreaktionen der Versuchsleiterin wird beobachtet. Versucht das Kind die Versuchsleiterin zu trösten oder den Teddy für sie zu reparieren, zeigt es, dass es die Situation verstanden hat und die Trauer auf die Versuchsleiterin attribuiert. Das Erkennen des Gefühlszustandes anderer eröffnet natürlich nicht nur die Möglichkeit prosozialen, sondern auch aggressiven oder eben nicht-sozialen Handelns.

© Springer Fachmedien Wiesbaden 2015
H. Keller, *Die Entwicklung der Generation Ich*, essentials,
DOI 10.1007/978-3-658-10392-7_6

Obwohl aus einer evolutionären Sichtweise der Eigennutz eine starke Trieb-feder individuellen Handelns darstellt, geht man in der westlichen Psychologie davon aus, dass Prosozialität zum angeborenen Verhaltensrepertoire gehört. Insbe-sondere die Arbeitsgruppe von Michael Tomasello am Leipziger Institut für Evo-lutionäre Anthropologie hat viele originelle Versuche durchgeführt, die demons-trieren, dass schon kleine Kinder die Notlage anderer erkennen und helfend tätig werden (http://www.eva.mpg.de/psycho/videos/children_cabinet.mpg).

In einem dieser Versuche geht ein Versuchsleiter mit einem Packen Bücher auf den Armen auf einen Schrank zu. Offensichtlich hat er die Intention die Bücher in den Schrank zu legen, kann aber die Tür nicht aufmachen, da Arme und Hände ja blockiert sind. Zweijährige Kinder, die diese Situation beobachten, gehen ohne Aufforderung an den Schrank und öffnen die Tür für den Versuchsleiter.

Es fällt allerdings auf, dass diese Versuche, ebenso wie die Erfassung der Em-pathie, immer in Dyaden stattfindet. Das heißt, ein Kind erkennt das Leiden einer anderen Person oder hilft einem anderen Kind oder einem Erwachsenen, gemein-sam eine Aufgabe zu lösen. Häufig wird dies sogar als ein Alleinstellungsmerkmal des Menschen verstanden, zu dem andere Primaten nur sehr rudimentär in der Lage seien. Es fällt jedoch auf, dass das prosoziale Verhalten jenseits von Dyaden, d. h. in größeren Gruppen nicht mehr so gut funktioniert. Das kann man in der Kita be-obachten und auch in der folgenden Versuchsanordnung, die Paula Döge aus dem Niedersächsischen Institut für Frühkindliche Bildung und Entwicklung (nifbe) in Osnabrück durchgeführt hat. Sie gab Gruppen von drei 4- und 5-jährigen Kindern die Aufgabe, gemeinsam ein Tangram nachzulegen. Jedes Kind bekam dazu eine Teilmenge von Steinen/Formen, d. h. ein Kind konnte mit seinen Steinen alleine die Aufgabe nicht lösen. 75 % von 20 Triaden (11 Mädchen- und 9 Jungentriaden) waren nicht in der Lage, das Problem gemeinsam zu lösen. Hier ist ein kleiner Ausschnitt aus einer solchen Situation:

Vl: Mhm *dann* versucht mal, ob ihr's *schafft* mit den Stei:nen, die ihr jetzt *alle* drei
    habt, das Känguruh nachzu*bauen*.
K1: Oh Gott ((mit den Händen vor ihrem Mund)).
K2: Äh: wo is mein [*Teil* hin?]
K1: [ÄH::] sollen wir das *alle* zusammen machen?
Vl: *Genau.*
K1: *Ach* so ich dachte das *auch.*
Vl: Na ihr [*braucht*] ja alle Steine.
K1: [Ähm] (Äh::: ↑Kira hat so: einen ((zeigt einen Stein von Kind K3)).
…….
K1: Äh:: wir brau' (.) Kira du *sollst* dein da… Kira (1) wir brauch' wir soll'n das
    doch al' wir *können* das doch *alle* zusammen damit [aufbau:n] ((zu Kind K3,
    fragender Blick zu Vl)).
Vl: [Mh:m] gena:u.

K2: Erstmal kann Kira en bischen bau:n.

Vl: Aber ich glaub sie *schafft's* ja nich, weil sie garnich alle *Stei*ne alleine *hat*….

K2: *Ki*ra soll ich dir en *biss*chen helfen? ((zu K3))Ich *kann* das.

K1: Hey ich *hab* en Segelboot gemacht.

K2: Ich *kann* das auch bei mir [al*leine* machen] ((nimmt sich die Steine von K3)).

…………

Vl: Nee ihr sollt's ja mal zu*sammen* machen.

K2: Kira guck mal ((zu K3)) *das* Ding muss glau:b ich *so* zusammen ((legt die Steine alleine zusammen, die anderen Kinder gucken ihr zu)).

E: [Mh:m].

Und das geht noch eine ganze Weile so weiter! Es ist offensichtlich, dass die Kinder keinen Plan haben, wie man das Problem gemeinsam lösen kann, da sie nicht wissen, wie man zu dritt kooperiert. Alleine konnte jedes Kind das Tangram nachlegen – es war also kein intellektuelles Problem! Natürlich ist aber Prosozialität für westliche Mittelschichtfamilien ein wichtiges Entwicklungsziel – gemeinsames Handeln und Problemlösen wird darunter in der Regel jedoch nicht verstanden. So kann man beobachten, dass Teilen in Familie und Kita so verstanden wird, dass jedes Kind, das möchte, einmal mit einem begehrten Spielzeug spielen darf – d. h. also sequentiell, nacheinander. Teilen könnte ja auch so aussehen, dass man gemeinsam damit spielt.

6.2 Handlungskompetenz/Handlungsautonomie

Die verbale Elaboriertheit und Konzentration auf die innere Welt lässt das Handeln und besonders die verantwortliche Handlungsausführung in den Hintergrund treten. Handlungsautonomie ist offensichtlich ein wesentlich weniger wichtiges Entwicklungsziel für die frühen Jahre als psychologische Autonomie. Man könnte es zuspitzen und formulieren: Hauptsache, das Kind kann seine Meinung äußern und begründen – ob es das dann auch realisieren kann, ist weniger wichtig – die Absicht zählt. Diese Haltung spiegelt sich übrigens auch wieder in der Entwicklungspsychologie, wenn z. B. die Entwicklung der Moralität anhand von Argumentationsfiguren, nicht aber Handlungsvollzügen untersucht wird (Kohlberg 1995).

Die beiden UCLA- Anthropologinnen Elinor Ochs und Carolina Izquierdo (2009) haben vor ein paar Jahren mit einer Veröffentlichung im *American Psychologist,* dem weit rezipierten Organ der American Psychological Association, eine große öffentliche Resonanz ausgelöst, die auch in vielen Elternblogs zu finden war. Sie konfrontierten die Sozialisationsstrategien der euroamerikanischen Mittelschichtfamilien mit denen des Matsigenka-Stammes vom Peruanischen Amazonas und Samoanischen Insulanern.

Die Mittelschichtkinder in Los Angeles werden wie die in Berlin, Münster, Marburg und vielen anderen westlichen Städten vom Säuglingsalter an ermutigt, eigenständig Wahlen zu treffen, Präferenzen zu äußern und sich durchzusetzen. Andererseits helfen Eltern ihnen bis ins Schulalter in basalen selbstbezogenen Fertigkeiten wie Zähne putzen, sich anzuziehen und ihre Sachen für die Schule zusammenzusuchen. Dazu kommen endlose Verhandlungen zwischen Eltern und Kindern, wer nun die Jacke des Kindes vom Haken nimmt oder den Müll rausträgt. Auf diesen Konflikt komme ich später noch einmal zurück. Die Kinder in den beiden nicht-westlichen Gemeinschaften helfen routinemäßig im Haushalt, der Kinderpflege und bei anderen alltäglichen Notwendigkeiten, meist ohne extra dazu aufgefordert zu werden, sondern aus selbst gewählter Verantwortlichkeit für das Funktionieren der Familie. Ochs und Izquierdo argumentieren, dass die verantwortliche Aufgabenerfüllung von Kindern im sozialen System dazu führt, Respekt zu entwickeln. Respekt ist in diesem Sinne etwas anderes als Höflichkeit – und das ist eine wichtige Unterscheidung. „Danke" und „Bitte" als Höflichkeitsexegese unserer Sozialisationsstrategie sind oberflächliche Rituale, während Handlungsverantwortung einen tatsächlichen und unverzichtbaren Beitrag zu dem sozialen System bedeutet. Diese soziale Verantwortung lenkt die Aufmerksamkeit im Alltag vom Selbst weg auf die Bedürfnisse der Gemeinschaft. Das heißt nicht unbedingt, dass die Bedürfnisse einzelner Anderer berücksichtigt werden müssen. Es ist eine grundsätzlich andere soziale Orientierung, einzelne im Blick zu haben oder eine soziale Gemeinschaft.

6.3   Das Autonomiedilemma und seine Folgen

Wie bereits angedeutet besteht ein Widerspruch zwischen der Unterstützung der psychologischen Autonomie und mangelnder Handlungskompetenz bis hin zu Handlungsverweigerung. Dieses Phänomen wird in der Literatur als Autonomie- oder Abhängigkeitsdilemma diskutiert. Die Spannung zwischen Autonomie und Abhängigkeit wurde bereits von Beatrice Whiting 1980 angemahnt. Sie hat zusammen mit ihrem Ehemann John Whiting die berühmte „Six Culture Study" der kindlichen Entwicklung in sechs verschiedenen kulturellen Kontexten, ein berühmtes Projekt der Harvard Universität, ins Leben gerufen und begleitet (Whiting 1963). Sie hatte auf den von ihr so bezeichneten Abhängigkeitskonflikt hingewiesen, indem sie konstatierte, dass die (euro-)amerikanischen Kinder sehr gut in der Lage seien, ihre Wünsche und Bedürfnisse zu artikulieren, aber erschreckend hilflos in ganz alltäglichen Handlungsvollzügen seien. Sie charakterisierte die modernen Mittelschichtfamilien der 60er und 70er Jahre wie folgt: *„We teach the value of* *independence and self reliance and at the same time reward a type of dominant-dependence (e.g., seeking help and attention, demanding that others act in such a way to meet ego's stated desires"* (Whiting 1978, zitiert in Weisner 2001, S. 272). Kinder bewegten sich in „*settings*", wo sie einerseits unabhängig sein müssten und gleichzeitig dafür belohnt werden, die Aufmerksamkeit der Eltern zu erlangen. Nach ihrer Auffassung ist dieser Abhängigkeitskonflikt dort am stärksten, wo Kinder in Kleinfamilien leben und sich die ungeteilte Aufmerksamkeit der Eltern auf das eine oder die wenigen Kinder in der Familie verteilt.

Wenn man die Augen und Ohren im öffentlichen Raum aufhält, sieht man Erscheinungsformens dieses Dilemmas allenthalben, im Schwimmbad, auf dem Spielplatz, auf der Straße. Einerseits bestehen Kinder darauf, das zu machen, was sie möchten, andererseits fordern sie die Aufmerksamkeit der Mutter, des Vaters oder auch der Oma, wer eben gerade dabei ist, lautstark ein. Guck mal! Du sollst gucken! schallt es einem allenthalben entgegen. Das heißt, die in der beschriebenen Form geförderte psychologische Autonomie produziert gleichzeitig psychologische Abhängigkeit. Das kann zu intrapsychischen als auch sozialen Konflikten führen.

6.4 Wahlen und Überforderung

Weiter vorne sind Wahlen als konstituierender Bestandteil der frühkindlichen Sozialisation des westlichen Mittelschichtkindes ausgewiesen worden. Das Vorhandensein von Wahlmöglichkeiten wird mit individueller Freiheit und psychischer Gesundheit/Wohlbefinden gleichgesetzt. Die Option zu wählen ist aber gleichzeitig mit der Notwendigkeit Entscheidungen zu treffen gekoppelt. Entscheidungsfähigkeit ist eine Grundkompetenz für das Leben in der Komplexität der sozialen und kognitiven Anforderungen des westlichen urbanen Lebensstils.

Die Stanford-Psychologin Hazel Markus hat die Macht der Psychologie der Wahlen in der westlichen Gesellschaft erkannt und zum Untersuchungsgegenstand gemacht. Aufgrund vieler Untersuchungen in unterschiedlichsten sozialen Situationen kommt sie zu dem Schluss, dass zwar generell die Möglichkeit, Wahlen zu treffen, gut ist, zu viel Wahlfreiheit aber auch unerwünschte Effekte haben kann, nämlich Entscheidungslosigkeit und Unzufriedenheit begründen können. Bei zu viel Wahlmöglichkeiten stellt sich zwangsläufig die Frage, ob die getroffene Entscheidung die richtige und beste war. Nach-Entscheidungsproblem ist bereits zu einem Fachbegriff geworden. Zu viele Wahlmöglichkeiten können auch Selbstbezogenheit und fehlende Empathie unterstützen, da man auf die eigenen Präferenzen fokussiert und dabei die anderen aus dem Blick verliert (Savani et al. 2010).

Entscheidungsfreiheit wird allerdings in westlichen Mittelschichtfamilien als die via regio zur guten Erziehung verstanden. Das folgende Beispiel einer alltäglichen Situation zeigt das unverdrossene elterliche Bemühens, die kindlichen Wahlen zu respektieren und damit im familiären Alltag umzugehen. Im Rahmen einer Längsschnittstudie, in der wir die teilnehmenden Familien seit der Geburt des Kindes kannten, haben wir gemeinsame Mahlzeiten vidographiert (natürlich mit dem Einverständnis der Eltern). Gemeinsame Mahlzeiten werden in der westlichen Psychologie als wichtige beziehungsstiftende familiäre Ereignisse verstanden und von Familientherapeuten zur Steigerung und Sicherung der familiären Kohäsion empfohlen. An der folgenden Situation sind das 4-jährige Zielkind (unserer Längsschnittuntersuchung), der kleine 1-jährige Bruder (der auf dem Schoß der Mutter sitzt und nicht weiter in Erscheinung tritt), Mutter und Vater beteiligt. Es handelt sich um ein Mittagessen, zu dem sich das Zielkind, die 4-jährige Katja das Essen wünschen dürfte. Sie hat sich Nudeln mit Sauce gewünscht.

K: Kei:ne Soße da:zu.

V zu K: Du willst ↑keine Soße dazu?

K zu V: Ne:e.

V zu K: Sag mal, so langsam

M zu K: spinnst du. (.) Saskia, stell dich nicht so an! ((zweiter Teil deutlich lauter))

V zu K: Was machst du denn da?

K zu V: Will keine So:ße ↓haben.

V zu K: Keine Soße?

K zu V: °mhmh° ((verneinend)) ((K schüttelt vorsichtig den Kopf))

V zu K: ↑Komm her, dann geb ich dir meine. (ein paar Wörter unverständlich) lass mal sehen. ↑Dann kriege ich *die* da mit der Soße. (.) *So* und du kriegst die hier ↑ohne Soße. (.) Bitteschön. >von Papa< Ohne Soße. Bitteschön. Ohne Soße. Da! ((V nimmt sich Teller von K und schüttet Nudeln vom K auf seinen Teller und gibt K Nudeln ohne Soße zurück))

K fängt an zu quengeln))

K: Der hat mir meine abgenom:men. ((zeigt auf seinen Teller und fängt an weinerlich zu schreien))

V zu K: Du wolltest doch keine Soße haben. ((laut))

((V guckt kurz vom Kind zu Mutter))

V zu M: Also sowas! ((wieder bisschen leiser))

V zu K: Du wolltest doch ohne Soße haben. (.) Ja, willst du wieder deine Soßendinger haben, oder ↑was? ((wieder laut))

K zu V: J::a ((weinerlicher Ton, aber K hört auf zu quengeln))

V zu K: Also *doch* mit Soße! ((laut))

M zu K: Mm, eben hast gesagt „ohne Soße", ↑jetzt iss auch ohne Soße. ((K fängt wieder an zu quengeln))(.) (Ein paar Wörter unverständlich) zurück. ((auch laut))

((K zeigt mit Finger auf die Schüssel Nudeln))

M zu K: Hier frische, hm?

K zu M: Nee, die er mir hat abgenom:men. ((weinerlich))

zu K: Du hast doch gesagt, du willst ohne [Soße haben!

V zu K: [Ich hab sie dir doch extra weggenommen, weil du wolltest se nicht essen! ((laut))(.) (K schreit laut)) Also Saskia (ausnahmsweise) ((wieder etwas leiser)) ((V nimmt sich wieder den Teller vom K)) (.) Al:so, kriegst du wieder deine. ((genervt))

M zu K: Eben hast gesagt „ohne Soße". ((laut))

V zu K: Da hast du deine=

M zu K:=Überleg dir das vorher!=((laut))

V zu K:=Da hast du deine. (ca.2 Wörter unverständlich) ((V stellt den Teller wieder zum K))↑Da!

((K fängt nicht sofort an zu essen))

V zu K: ↑Willst du jetzt wieder *ohne* haben, oder was? ((laut))

K zu V: Ne:in.

V zu K: Na dann (sowas). ((wieder ruhig))

((K fängt wieder an zu essen)) ((V schüttelt den Kopf)).

Diese Situation geht noch ca. 20 min so weiter. Diese Situation ist vielen Mittelschichtfamilien in westlichen Ländern vertraut – jedenfalls haben mir viele KollegInnen beteuert, dass dies bei Ihnen zuhause hätte aufgenommen werden können. Das Mittel der Distanzierung durch das Lesen einer Unterhaltung, an der wir nor malerweise teilnehmen, führt uns die kulturelle Botschaft deutlich vor Augen.

6.5 Inszenierung und Illusion

Die frühen sozialen Szenarien mit der Fokussierung auf die innere Welt, den Wahlen und Entscheidungen, der unbedingten Wunscherfüllung haben ein weiteres wichtiges Charakteristikum, dessen Auswirkungen bisher weitgehend unbeachtet sind. Sie sind nicht real, sondern inszeniert. Inszeniert sind diese Situationen, weil die Mutter/der Erzieher Regie führt in einem „plot", dessen Ablauf und Gestaltung sie bestimmen, dabei aber vorgeben, das Baby/Kind quasi gleichberechtigt mit einzubeziehen. Tatsächlich haben Säuglinge weder das Verständnis noch die Möglichkeit zu bestimmen, ob morgen die Oma kommen soll oder ob sie jetzt mit dem

Papa spielen möchten. Das Frageformat ist Teil eines elaborativen Diskurses in einem Als-ob-Spiel. Den Fragen folgen Pausen, scheinbar um dem Baby Gelegenheit zu geben zu antworten, und die Signale des Babys werden in dem so verstandenen Konversationsskript interpretiert. Es ist jedoch nicht so, dass dabei unbedingt geschauspielert wird, es ist Ausdruck einer in Fleisch und Blut übergegangenen Haltung. Und natürlich haben diese Konversationsformate auch Entwicklungskonsequenzen. Die Intonation und Kontur wirken sich auf die Sprachentwicklung und damit auf das kulturelle Werkzeug par excellence aus – und das bereits im Mutterleib. Babys zweisprachiger Mütter „verstehen" beide Sprachmelodien, und Neugeborene schreien bereits bevorzugt im pränatal gehörten Klangmuster, wie die Würzburger Biologin Kathleen Wermke eindrucksvoll aufgewiesen hat (Wermke 2011). Und natürlich lernen Babys in den frühen interaktiven Konversationen, dass sie ihre Umwelt kontrollieren können, dass ihre Wünsche erfüllt werden, selbst wenn dies in eigens dafür hergestellten Szenarien gilt, was sie ja nicht wissen können. Babys lernen sich selbst als autonome Agenten ihrer Umwelt kennen. Natürlich wird diese Situationsgebundenheit und kontextuelle Einschränkung nicht vermittelt – das wäre ein Widerspruch in sich selbst. Und darin besteht die Illusion.

6.6 Ausgrenzung der Mehrheit

Sozialisation zu psychologischer Autonomie ist ein Mittelschichtphänomen. Das weiter vorne geschilderte Sozialisationsmuster erfordert ökonomische Absicherung, damit Qualitätszeit (quality time, wie es in den USA genannt wird), d. h. exklusive Beschäftigung mit dem Baby verbracht werden kann, eine hohe formale Bildung, die elaborierte verbale Kommunikation unterstützt und eine Fokussierung auf die mentale Welt sowie eine Kernfamilie mit sehr wenigen Kindern, damit die Exklusivität der Beziehung zelebriert werden kann. Diese Entwicklungsnische ist allerdings eher die Ausnahme als die Regel in der Weltbevölkerung. Weniger als 5 % der Weltbevölkerung leben unter solchen Bedingungen. Da Sozialisationsziele und Erziehungsstrategien jedoch an ihre jeweiligen Kontexte angepasst sein müssen, um Kinder den Weg zu kompetenten Erwachsenen zu eröffnen, liegt die (berechtigte) Vermutung nahe, dass es andere Sozialisationsziele und Erziehungsstrategien geben muss, die in anders gearteten Kontexten Kompetenz vermitteln. Und das ist in der Tat der Fall und vielfältig dokumentiert (Keller 2011; Keller und Kärtner 2013) Besonders interessant in diesem Zusammenhang sind dörfliche Lebensgemeinschaften in nicht-westlichen Gesellschaften, die immerhin 30 bis 40 % der Weltbevölkerung ausmachen, und, was in unserem Zusammenhang von besonderer Bedeutung ist, 80–90 % der Migranten in westliche Länder. Die

Sozialisationsziele der Familien aus diesen soziokulturellen Milieus sind eher auf hierarchische Relationalität hin orientiert. Das bedeutet, die Werte, Einstellungen, Normen und Verhaltensweisen sind darauf ausgerichtet, dass Kinder ihren Platz in der familiären Hierarchie schnell kennenlernen und verantwortlich ausfüllen. Dazu sind Respekt vor Älteren und Gehorsam Grundvoraussetzungen. Entsprechend machen Kinder auch grundlegend andere soziale Erfahrungen als Kinder, deren Lebensweg zu psychologischer Autonomie hinführen soll. Carolin Demuth (2008) hat Interaktionen zwischen Müttern und drei Monate alten Babys der westafrikanischen Nso-Bauern konversationsanalytisch untersucht. Sie kommt zu dem Schluss, dass die Interaktionen nicht vorrangig responsiv/reaktiv auf kindliche Signale entsprechend eines alternierenden „Turn-Takings" aufgebaut sind, sondern stärker von den Müttern strukturiert werden. Sie sind zudem weniger verbal organisiert, sondern zeichnen sich durch stark rhythmische Lautmalerei und Sprechgesang, einhergehend mit entsprechenden rhythmischen Bewegungen, aus. Es kommen kaum Erzählaufforderungen und so gut wie keine Referenzen zu biographischen Erlebnissen des Kindes vor. Allerdings fanden sich Ankündigungen moralischer Sanktionen bei normabweichendem Verhalten und Beispiele moralisch korrekten Verhaltens.

Ein bedeutsamer Kontrast zu der Spiegelung der Innenwelt in den Dialogen der westlichen Mittelschichteltern sind die Spiegelungen des kindlichen Verhaltens und der *äußeren* Merkmale des Kindes. Das folgende Beispiel zeigt eine solche Interaktion (Demuth 2008, S. 139):

Die Mutter hält die Tochter Emily Shalanyuy zu Beginn der Interaktion hoch und bewegt sie auf und ab, was eine typische Form der motorischen Stimulation bei den Nso ist (s. dazu ausführlich Keller 2011). Dann setzt sie sie langsam wieder auf ihren Schoss:

chibih
chibih chibih
chibih chibih
little baby little baby
little baby little baby
little baby little baby
little baby Emily!
With your little flabby legs
flabby legs
flabby legs
Little Emy! (.) Little Emy o::h Sha:lanyuy!
Sha:lanyuy!
Sha:lanyuy=o::h?

Es ist offensichtlich, dass diese Konversation anderen Regeln folgt als die der Mittelschichtmütter. Spiegelungen sind sicherlich Merkmale, die Familien im Umgang mit Säuglingen und kleinen Kindern weltweit einsetzen. Wir sehen in dem vorangegangenen Beispiel eine kulturspezifische Variante, die von dem uns vertrauten Bild abweicht. Die Mutter greift nicht das innere Erleben des Kindes, sondern seine äußere Erscheinung auf. Darauf folgt eine rhythmische Wiederholung dieser Spiegelung, die sich harmonisch in den laufenden rhythmischen Sprechgesang einfügt. Die Spiegelung wird aber nicht weiter elaboriert (s. ausführlicher Demuth 2008; Demuth et al. 2011). In diesem Sozialisationsmodell, das natürlich auch kompetente Erwachsene zum Ziel hat und selbstverständlich auch hervorbringt, wird offensichtlich sehr viel weniger Wert auf die Entwicklung einer reichen inneren, selbstbezogenen Identität gelegt, als auf die Entwicklung eines verhaltensnahen Selbstbildes. Und noch ein wichtiges kulturelles Momentum ist in diesem kurzen Ausschnitt enthalten: das Wort: „*Sha*lanyuy" als Teil des Namens des Kindes ist ein ritueller Name, wobei „nyuy" Gott bedeutet. Damit wird das Kind in die spirituelle Dimension des Lebens integriert und zugleich eine soziale Verpflichtung formuliert, die spirituelle Kontinuität im Alltag präsent zu erhalten.

Der Sozialisationspfad mit dem Ziel interdependenter sozialer Verantwortlichkeit führt von Anfang an durch vielfältige Handlungskompetenzen. Schon mit 3 Jahren helfen Kinder im Haushalt, erledigen kleine Besorgungen, richten Nachrichten aus und versorgen jüngere Geschwister. Das tun sie alles autonom, indem sie selbst viele Entscheidungen treffen müssen, die zur kompetenten Ausführung dieser Handlungen notwendig sind. Wir nennen diese Form von Autonomie Handlungsautonomie.

Wenn nun solchermaßen vorbereitete Kinder in unser öffentliches Bildungssystem kommen, in der Kita oder Kindergarten, bzw. wenn Familien mit unserem Gesundheitssystem konfrontiert werden, kommt es zu vielerlei Verwerfungen. Familien verstehen die Welt nicht mehr, wenn ErzieherInnen kleine Kinder fragen, was sie denn tun möchten anstatt ihnen sinnvolle Aufgaben zu stellen, an denen sie sich entwickeln können. ErzieherInnen halten die Eltern für desinteressiert, und beide Seiten sind von der grundsätzlichen Inkompetenz der jeweils anderen Seite überzeugt. Hier ist ein großes Feld mit riesigem Handlungsbedarf.

Ausblick

7

Obwohl Sozialisationsstrategien grundsätzlich als Anpassungen an bestimmte Umwelten zu verstehen sind, heißt das natürlich nicht, dass sie immer angemessen und kompetent ein- und umgesetzt werden. Es kann zu Übertreibungen ebenso wie Auslassungen kommen, und damit zu nicht intendierten Effekten. Mit solchen Fragestellungen beschäftigt sich u. a. die Stanford-Psychologin Hazel Markus. Sie weist darauf hin, dass uneingeschränkte Wahlmöglichkeiten nicht uneingeschränkt gut sein können. Wahlen können auch lähmende Ungewissheit, Depression und Egoismus bedeuten (Stephens et al. 2011). Auf der anderen Seite kann natürlich auch zu viel Strenge und Anweisung zu unerwünschten Konsequenzen wie Lähmung und Motivationslosigkeit führen. In diesem Text habe ich mich nur mit der kulturellen Norm beschäftigt. Selbstverständlich sind Kontexte von Entbehrung und Gewalt für alle Kinder und Familien keine entwicklungsförderlichen Kontexte. Aber auch unsere ganz normalen Muster sind vielleicht etwas aus dem Ruder gelaufen, wie der Erziehungswissenschaftler Richard Weissbourd von der Harvard Universität (Weissbourd 2009) überlegt. Er stellt Fragen wie: warum loben Eltern ihre Kinder unaufhörlich? Ist all dieses Lob gut für die moralische und emotionale Entwicklung eines Kindes? Wann und warum verschwanden moralische Werte von der Prioritätenliste der elterlichen Erziehung?

Diese Fragen sollten im Lichte der Zusammenhänge, die hier diskutiert wurden, reflektiert werden. Das könnte durchaus zu der einen oder andere Richtungskorrektur in unserer Erziehungsideologie und damit auch den Richtlinien und Orientierungsplänen der Elementarpädagogik führen. Dabei kann es aber nicht um die unkritische Übernahme der Konzepte anderer kultureller Kontexte gehen. Es sind allerdings Integrationen möglich, die unterschiedliche kulturelle Konzepte miteinander verbinden. Solche Konzepte gibt es bereits in einigen inhaltlichen Bereichen, wie z. B. der Sprachbildung (Schröder et al. 2013). Von solchen neuen Synthesen können Kinder aus den verschiedensten Familien profitieren. Kinder

© Springer Fachmedien Wiesbaden 2015
H. Keller, *Die Entwicklung der Generation Ich,* essentials,
DOI 10.1007/978-3-658-10392-7_7

aus deutschen Mittelschichtfamilien würden wieder mehr auf soziale Inhalte und Themen fokussiert, Kindern aus sogenannten bildungsferneren Familien mit oder ohne Migrationshintergrund würden durch veränderte Diskursstile der Zugang zu dem öffentlichen Bildungssystem erleichtert. Dies wäre ein Weg zur Integration.

Was Sie aus diesem Essential mitnehmen können

- Die Umwelt wirkt vom ersten Lebenstag an (und auch bereits davor) formend in allen Entwicklungsprozessen und unterstützt selektiv die angeborenen Dispositionen. Trotzdem ist Entwicklung ein aktiv konstruktiver und ko-konstruktiver Prozess.
- Die Umwelteinflüsse haben komplexe Wirkungen, auch solche, die nicht immer intendiert oder erwünscht sind.
- Auch als Ergebnis von Reifungsprozessen betrachtete „universelle" Entwicklungsmuster, wie z. B. die sog. Trotzphase (auch Autonomiephase genannt), sind kulturelle Ausdrucksformen und daher lokal begrenzt.
- Die intensive Konzentration auf die Unterstützung individueller psychologischer Autonomie bewirkt gleichzeitig die Entwicklung von Abhängigkeit, und zwar von der exklusiven Aufmerksamkeit und Zuwendung der Bezugspersonen.
- Kombinationen unterschiedlicher kultureller Orientierungen sind möglich und bilden die Basis für die Partizipation von Kindern unterschiedlicher Familienkulturen am Bildungssystem.

© Springer Fachmedien Wiesbaden 2015
H. Keller, Die Entwicklung der Generation Ich, essentials,
DOI 10.1007/978-3-658-10392-7

Literatur

Ainsworth, M. D. S., Blehar, M. C., Waters, E., & Wall, S. (1978). *Patterns of attachment: A psychological study of the strange situation*. Hillsdale: Erlbaum.

Borke, J., & Keller, H. (2014). *Kultursensitive Frühpädagogik*. Stuttgart: Kohlhammer Verlag.

British Cohort Studies, Osborn, A. F., & Milbank, J. E. (1987). *The effects of early education. A report of the child health and education study*. Oxford: Clarendon Press.

Bundeszentrale für gesundheitliche Aufklärung. (2010). *Das Baby*. Köln: BZgA.

Cost, quality, and child outcomes in child care centers, Helburn, S. W. (1995). Cost, quality and child outcomes in child care centers. Technical report, public report, and executive summary. http://eric.ed.gov/?id=ED386297.

Demuth, C. (2008). *Talking to infants: How culture is instantiated in early mother-infant interactions. The case of Cameroonian farming Nso and North German middle-class families*. Doctoral thesis, University of Osnabrück, Faculty of Human Sciences, Department of Culture & Psychology.

Demuth, C., Keller, H., & Yovsi, R. D. (2011). Mutter-Säuglings-Interaktion als kulturhistorisch formierte Tätigkeit – Ein Vergleich zwischen Kikaikelaki (Kamerun) und Münster (Deutschland). *Tätigkeitstheorie. Journal für tätigkeitstheoretische Forschung in Deutschland, 4*, 11–35.

Early Childhood Longitudinal Study (ECLS): Denton, K., Germino-Hausken, E., & West, J. (2000). Americas Kindergartners NCES 2000-070. U.S. Department of Education. National Center for Education Statistics. Washington, DC.

Effective Provision of Pre-School Education (EPPE), Siraj-Blatchford, I., Sylva, K., Taggart, B., Sammons, P., Melhuish, E., & Elliot, K. (2003). *Technical paper 10: The effective provision of pre-school education (EPPE) project: Intensive case studies of practice across the foundation stage*. London: Department for Education and Skills.

European Child Care and Education (ECCE)-Study Group. (1997). *European child care and education study. Cross national analyses of the quality and effects of early childhood programmes on children's development*. Berlin: Freie Universität Berlin, Fachbereich Erziehungswissenschaften, Psychologie und Sportwissenschaft, Institut für Sozial- und Kleinkindpädagogik.

Fritschi, T., & Pesch, T. (2008). *Volkswirtschaftlicher Nutzen von frühkindlicher Bildung in Deutschland. Bertelsmann Stiftung*.

© Springer Fachmedien Wiesbaden 2015 41
H. Keller, Die Entwicklung der Generation Ich, essentials,
DOI 10.1007/978-3-658-10392-7

Gernhardt, A., Balakrishnan, R., & Drexler, H. (Hrsg.). (2014). *Kinder zeichnen ihre Welt. Entwicklung und Kultur*. Berlin: das netz.

Grossmann, K. E., & Grossmann, K. (2011). *Bindung und menschliche Entwicklung* (3. Aufl.). Stuttgart: Klett-Cotta.

Heckman, J. (2013). *Giving kids a fair chance*. Cambridge: MIT press.

Keller, H. (2011). *Kinderalltag. Kulturen der Kindheit und ihre Bedeutung für Bindung, Bildung und Erziehung*. Heidelberg: Springer.

Keller, H. (Hrsg.). (2013). *Interkulturelle Praxis in der Kita*. Freiburg im Breisgau: Herder Verlag.

Keller, H., & Kärtner, J. (2013). Development – The culture-specific solution of universal developmental tasks. In M. L. Gelfand, C.-Y. Chiu, & Y. Y. Hong (Hrsg.), *Advances in culture and psychology* (Vol. 3, S. 63–116). Oxford: Oxford University Press.

Keller, H., Borke, J., Lamm, B., Lohaus, A., & Yovsi, R. D. (2011). Developing patterns of parenting in two cultural communities. *International Journal of Behavioral Development, 35*(3), 233–245.

Kohlberg, L. (1995). *Die Psychologie der Moralentwicklung*. Frankfurt a. M.: Suhrkamp.

Laewen, H.-J., Andres, B., & Hédervári, É. (2003). *Die ersten Tage – ein Modell zur Eingewöhnung in Krippe und Tagespflege* (4. Aufl.). Weinheim: Cornelsen.

Meins, E., Fernyhough, C., Wainwright, R., Das Gupta, M., Fradley, E., & Tuckey, M. (2002). Maternal mind-mindedness and attachment security as predictors of theory of mind understanding. *Child Development, 73*, 1715–1726.

National Institute of Child Health and Human Development Early Child Care Research Network. (2008). Mothers' and fathers' support for child autonomy and early social achievement. *Developmental Psychology, 44*(4), 895–907.

Ochs, E., & Izquierdo, C. (2009). Responsibility in childhood: Three developmental trajectories. *Ethos, 37*(4), 391–413.

Savani, K., Markus, H. R., Naidu, N. V. R., Kumar, S., & Berlia, N. (2010). What counts as a choice? U.S. Americans are more likely than Indians to construe actions as choices. *Psychological Science, 21*, 391–398.

Schäfer, G. E. (Hrsg.). (2005). *Bildung beginnt mit der Geburt* (2. Aufl.). Weinheim: Basel.

Schröder, L., Keller, H., Dintsioudi, A., & List, M. (2013). *Alltagsbasierte Sprachbildung in der Kita. Lehrfilm mit Begleitheft*. Berlin: Cornelsen Verlag.

Stephens, N. M., Fryberg, S. A., & Markus, H. R. (2011). When choice does not equal freedom: A sociocultural analysis of analysis in working-class American contexts. *Social and Personality Science, 2*(1), 33–41.

Storfer, M. (1999). Myopia, intelligence, and the expanding human neocortex: Behavioral influences and evolutionary implications. *International Journal of Neuroscience, 98*, 153–276.

Tietze, W., Becker-Stoll, F., Bensel, J., Eckhardt, A., Haug-Schnabel, G., Kalicki, B., Keller, H., & Leyendecker, B. (Hrsg.). (2013). *NUBBEK – Nationale Untersuchung zur Bildung, Betreuung und Erziehung in der frühen Kindheit*. Forschungsbericht. Berlin: verlag das netz.

Twenge, J. M., & Campbell, W. K. (2009). *The narcissism epidemic*. New York: Atria Paperback.

Weisner, T. S. (2001). The American dependency conflict: Continuities and discontinuities in behavior and values of countercultural parents and their children. *Ethos, 29*(3), 271–295.

Weissbourd, R. (2009). *The parents we meant to be*. Boston: Houghton Mifflin Harcourt.

Wermke, K. (2011). Säuglingsschreien und seine Entwicklungskonsequenzen. In H. Keller (Hrsg.), *Handbuch der Kleinkindforschung* (S. 682–692). Bern: Huber Verlag.

Whiting, B. B. (Hrsg.). (1963). *Six cultures. Studies of child rearing*. New York: Wiley.

Whiting, B. B. (1980). Culture and social behavior: A model for the development of social behavior. *Ethos: Journal of the Society for Psychological Anthropology, 8*, 95–115.

Whiting, B. B. (1983). The genesis of prosocial behavior. In D. L. Bridgeman (Ed.), *The nature of prosocial development* (S. 221–242). New York: Academic Press.

Zum Weiterlesen

Borke, J., & Keller, H. (2012). Kultursensitive Beratung. In M. Cierpka (Hrsg.), *Frühe Kindheit 0–3 Jahre. Beratung und Psychotherapie für Eltern mit Säuglingen und Kleinkindern* (S. 345–352). Heidelberg: Springer.

Gernhardt, A., Balakrishnan, R., & Drexler, H. (Hrsg.). (2014). *Kinder zeichnen ihre Welt. Entwicklung und Kultur*. Berlin: das netz.

Keller, H. (2011). *Kinderalltag. Kulturen der Kindheit und ihre Bedeutung für Bindung, Bildung und Erziehung*. Heidelberg: Springer.

Keller, H. (2012). Die Autonomieillusion. Kindheit in Deutschland zwischen Anspruch und Wirklichkeit. In R. Braches-Chyrek, C. Röhner, & H. Sünker (Hrsg.), *Kindheiten. Gesellschaften. Interdisziplinäre Zugänge zur Kindheitsforschung* (S. 205–223). Barbara Budrich Verlag.

Keller, H. (Hrsg.). (2013). *Interkulturelle Praxis in der Kita*. Freiburg im Breisgau: Herder Verlag.